LA S^{TE}-BAÚME

ET

L'ÉGLISE DE S^T-MAXIMIN

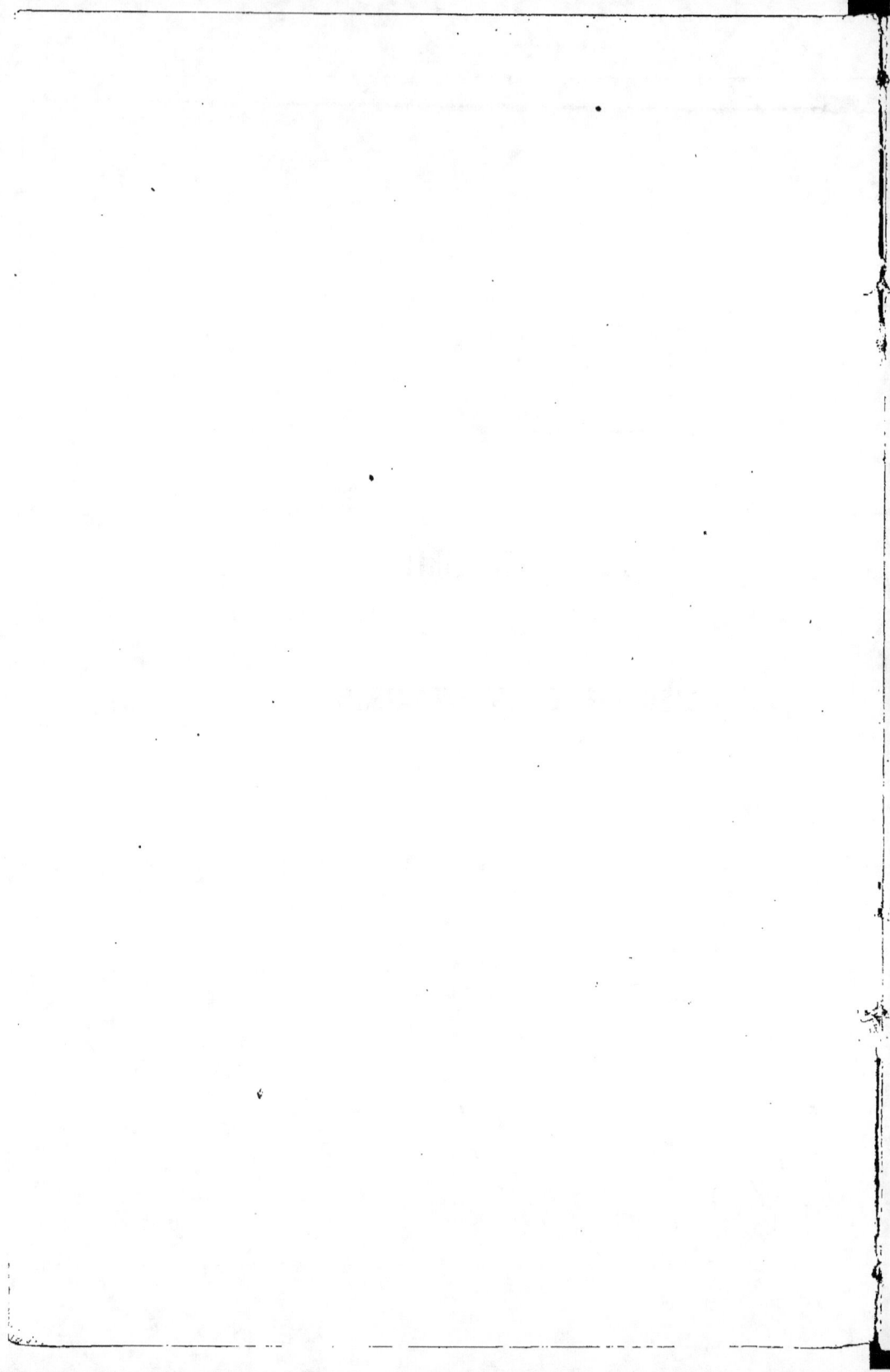

LA S^{TE}-BAUME

ET

L'ÉGLISE DE S^{T}-MAXIMIN

PAR

AUGUSTE GEOFFROY

BORDEAUX

IMPRIMERIE DE MADAME VEUVE CRUGY

16, RUE ET HÔTEL SAINT-SIMÉON

1855

DÉDICACE

A ma Sœur.

Constance-Catherine Geoffroy

MA SŒUR BIEN-AIMÉE,

Nous avons fait ensemble le voyage de la Sainte-Baume : les suaves émotions que fait naître ce lieu si vénérable nous ont été communes ; ton nom, dans le pâle récit que j'ai fait de notre pèlerinage, ne devait pas se séparer du mien. Puisse ton amitié accueillir l'hommage de cet opuscule comme une preuve de perpétuel souvenir et d'inaltérable affection !

Ton frère et ton ami,

AUG^te GEOFFROY.

LA S^{TE}-BAUME

ET

L'ÉGLISE DE S^T-MAXIMIN

Le christianisme, comme un fleuve majestueux
dont les flots intarissables fertilisent la terre,
donne la vie spirituelle aux empires sur lesquels
il répand les bienfaits de sa morale divine. Dans
sa marche triomphale à la conquête universelle
des âmes, il sème et prodigue, à travers les âges,
des hommes prédestinés, astres brillants dont le

mérite surhumain resplendit d'un internissable
et éternel éclat, et qui enrichissent le monde de
leurs vertus. Dans ces hommes qui donnent et
prodiguent à leurs semblables les trésors que
Dieu a placés dans leur cœur, le fidèle admire,
là – bas, contemporains en quelque sorte de
l'Homme–Dieu, de saints et illustres martyrs,
athlètes de la vérité, dont le magnanime courage
au milieu des tourments étonnait leurs bourreaux
couronnés; ailleurs, de saints docteurs d'un sa-
voir infini, flambeaux lumineux qui, du sommet
des sphères les plus élevées de la foi, ont éclairé
le monde et l'ont rempli des monuments de leur
belle et pure intelligence; ici, de vénérables
pontifes, de vertueux évêques, esprits de fleurs
et de miel, animés du souffle de l'Esprit-Saint,
dont la voix, répercutée par l'écho des siècles,
ne cesse de retentir, vibrante et sonore, pleine
d'une persuasive douceur; et, partout, des lé-
gions d'hommes trempés à la source du plus ar-

dent, du plus pur dévouement, hommes d'élite
dont la sublime abnégation n'a pas de bornes,
et qui donnent au monde l'exemple des vertus
qui élèvent, ornent et purifient l'âme. Il n'est
pas de province, si peu importante et si petite
qu'elle soit, qui n'ait été illustrée par la prière
et sanctifiée par de nombreux élus du Seigneur.
Dans les coins les plus obscurs, les plus reculés,
on voit les chrétiens se presser pieusement au-
tour de l'image vénérée de quelque membre de
la sainte milice, dont la cendre, relique perdue
souvent, mais non oubliée, repose mêlée à la
dépouille des générations qu'ils édifièrent pendant leur vie. Partout, dans l'ancien monde,
l'on rencontre les traces bénies de quelque bienheureux ; partout on se trouve en présence d'un
noble et grand souvenir laissé par quelque apôtre
de la vérité ; et bientôt, grâce au zèle inspiré de
nos fervents missionnaires, à la vocation du martyre dont ils sont animés, bientôt, disons-nous,

les préceptes divins de l'Évangile, les vertus chrétiennes et la sainteté qu'elles produisent, resplendiront du plus vif éclat dans tous les continents, comme aussi dans toutes les îles perdues au milieu des mers et habitées par des peuplades sauvages.

De tous ces saints et glorieux personnages, phalange immortelle dont l'histoire, pour les conserver à nos hommages, recueille le nom et les titres éclatants, le pays très-chrétien, la France, compte avec orgueil au nombre de ses enfants quelques-uns des plus illustres. Parmi ceux-ci, la piété de l'universalité des fidèles place sainte Madeleine, la sainte Madeleine de l'Évangile, au premier rang. Cette prédilection est justifiée par la faveur immense, incommensurable que Marie-Madeleine reçut, de son vivant, de notre divin Rédempteur. Comment sainte Madeleine, née dans la Palestine, non loin des bords du Jourdain, vint habiter les Gaules,

la légende, une légende sublime, va nous en
révéler les circonstances miraculeuses :

Après l'Ascension de N.-S. et la séparation
des Apôtres, les Juifs, voulant mettre à mort
Marie-Madeleine, Marthe, Lazare, Simon de
Béthanie, et Maximin, l'un des soixante-douze
disciples, et n'osant pas verser leur sang, les
jetèrent dans une nacelle et les abandonnèrent
aux flots. Le frêle esquif, naviguant sans rames
ni voiles, mais poussé par le souffle de Dieu,
aborda les côtes de la Provence.

Écoutons maintenant la tradition, une tradition dont nous aurons occasion de constater le
mérite et la valeur :

Arrivés en Provence, les illustres et saints
voyageurs, qui avaient été témoins des miracles
de J.-C., de sa mort et de sa résurrection, se
séparèrent pour prêcher, chacun de leur côté,
la doctrine de l'Homme-Dieu et évangéliser les
populations. Lazare resta à Marseille ; Marthe

remonta le Rhône et s'arrêta à Tarascon : ces deux villes possèdent les reliques de ces premiers apôtres du christianisme dans les Gaules. Maximin fonda, à quelques lieues d'Aix, une petite ville qui porte son nom, et où se trouve son tombeau. Simon s'éloigna de ses compagnons; après avoir longtemps erré sur les plages désertes du golfe de Lyon, il s'arrêta enfin à l'île de Maguelonne, où il trouva le martyre. Les vestales de l'île, furieuses de voir qu'à sa voix la population quittait le culte des idoles pour embrasser la religion du Christ, le précipitèrent dans les flots au moment où il s'embarquait pour porter dans une nouvelle contrée son zèle et son apostolat. Quant à Madeleine, Dieu avait d'autres vues sur elle. Pour conserver *la meilleure part qu'elle avait choisie* et qui, d'après la parole infaillible de JÉSUS-CHRIST, *ne lui serait point ôtée,* elle embrassa la vie contemplative; et, afin que rien ne vînt la distraire dans l'ardent amour qu'elle avait pour son divin amant, elle abandonna ses amis, quitta le monde et se retira dans le désert. Or, non loin de Saint-Maximin, dans une montagne qui fait partie de la chaîne dite les Petites-Alpines, il existe une grotte connue dans toute la chrétienté sous le nom de *Sainte-Baume*. C'est le lieu que Madeleine choisit pour sa retraite et qu'elle a rendu à jamais célèbre par les trente-trois années d'austérités qu'elle y passa loin du monde et de ses agitations. Si elle parut par intervalles dans les lieux habités, elle cédait alors à des inspirations ou à des ordres de Dieu ; mais lorsque sa parole ardente, sa voix persuasive avaient allumé aux yeux des populations étonnées le flambeau sacré de la foi, joyeuse et impatiente, elle reprenait le chemin de sa chère solitude. Enfin, quand elle sentit approcher le terme de sa vie, elle quitta sa grotte bien-aimée, si longtemps le témoin muet de ses méditations, de ses pénitences et

des saints élancements de son âme vers le ciel,
descendit la montagne, et vint trouver Maximin.
Après qu'elle eut reçu des mains vénérables du
disciple de J.-C. la sainte communion, elle ex-
pira. Son corps, enfermé dans un cercueil d'albâtre, fut enseveli dans un caveau qui existait
sous l'autel de l'église que saint Maximin avait
élevée.

Cette tradition si pieuse, si touchante, qui,
d'âge en âge, se transmet sans varier et sans la
moindre altération, est appuyée sur des monuments de la plus grande importance et d'une au-
thenticité incontestable. Dans la crypte de l'église
de la petite ville de Saint-Maximin, dédiée à
sainte Madelaine, on voit des sarcophages, dont
un en albâtre, qui ont été les tombeaux primitifs de sainte Madeleine et de saint Maximin;
les bas-reliefs dont ils sont ornés décèlent leur
destination rigoureusement spéciale, et le goût
et la manière dont ces sculptures sont traitées

attestent de toute évidence les premiers âges du
christianisme. Ces sarcophages sont donc en
quelque sorte des témoins des faits mémorables
que la croyance du pays perpétue depuis dix-
huit siècles. Sainte Madeleine est donc venue
en Provence ; elle y a vécu ; elle y est morte,
et ses reliques y sont pieusement conservées.
Les Orientaux, saint Modeste, patriarche de Jé-
rusalem, Baillet, Godescard, et bien d'autres,
veulent que la sainte illustre soit morte à Éphèse,
où, disent-ils, elle avait suivi la très-sainte Vierge.
Les religieux de l'abbaye de Vezelay ont cru aussi
avoir les reliques de la sainte Madeleine de l'É-
vangile. M. l'abbé Faillon, dans son ouvrage
intitulé : *Monuments inédits sur l'apostolat de
sainte Marie-Madeleine en Provence*, fait justice
de ces diverses prétentions, toutes mal fondées.
Le savant écrivain établit d'une manière irréfra-
gable la vérité de la tradition de la Provence ; il
réduit, surtout, à néant les allégations erronées

2

à cet égard de Launoy, écrivain janséniste qui vivait dans le milieu du xviie siècle (1).

De tous les lieux solitaires que la prière a sanctifiés et que les fidèles visitent avec empressement et dévotion, il n'en est point de plus célèbre que celui où sainte Madeleine a fait pénitence. Ce n'est pas seulement la population des environs de la Provence qui vénère la Sainte-Baume : des voyageurs de tous les pays, des pèlerins des contrées catholiques les plus recu-

(1) Nous renvoyons le lecteur jaloux de s'éclairer sur le fait tant contesté du séjour de sainte Madeleine en Provence, à l'ouvrage que nous venons de citer; après l'avoir lu, les plus incrédules ne douteront plus. Impartial, consciencieux, infatigable, M. l'abbé Faillon n'a laissé aucun point obscur de cette question intéressante sans y porter le flambeau de sa profonde et savante érudition. Toutes les allégations contraires à la tradition de Provence, il les a réfutées minutieusement, une à une, par des preuves faciles à vérifier, et son livre, monument impérissable, en éternisant les faits qu'il a révélés au critique comme au monde religieux, a rendu toute controverse pour jamais impossible.

lées y sont venus de tout temps pour prier et invoquer sainte Madeleine. Des personnages d'une grande illustration ont visité cette grotte déserte. Parmi les principaux, il faut citer, dans les rois de France, saint Louis, Louis XI, Henri II, François Ier, Charles IX, Louis XIII, Louis XIV, et un grand nombre de reines. Écoutons, au surplus, l'abbé Faillon :

« Rien ne fait mieux comprendre quel grand
» nombre d'étrangers devaient aborder alors à
» Saint-Maximin et à la Sainte-Baume, que la
» dévotion des princes et des rois pour ces saints
» lieux. Il est à regretter que la perte du journal
» de la Sainte-Baume, où leurs noms étaient
» inscrits, nous ait dérobé la connaissance de
» ceux d'une multitude de grands seigneurs et
» de princes, qui vinrent, dans ce siècle, rendre
» leurs devoirs religieux à sainte Madeleine. On
» peut cependant juger, par ce qui arriva en
» l'an 1332, combien ce lieu de pèlerinage était

» alors en honneur dans les cours chrétiennes,
» car on y vit arriver, à la fois, cinq monar-
» ques, suivis du cortége le plus nombreux et
» le plus brillant qu'on eût jamais vu dans le
» pays. Ce furent Philippe de Valois, roi de
» France; Alphonse IV, roi d'Aragon; Hugues IV,
» roi de Chypre; Jean de Luxembourg, roi de
» Bohême; enfin, Robert, roi de Sicile. Ce der-
» nier, par honneur, alla à la rencontre des
» autres jusqu'aux frontières de Provence, et
» les reçut à Avignon, qui lui appartenait alors,
» d'où il les conduisit à Saint-Maximin, et de là
» à la Sainte-Baume (1). »

Si le monde entoure incessamment d'un respect immense les châteaux, les maisons, les
chaumières que des hommes célèbres à titres
divers ont habités, et si leur vue réveille plus

_____

(1) *Monuments inédits sur l'apostolat de sainte Madeleine en Provence.* Paris, 2 vol. in 4°, 1848.

vive et plus ardente l'admiration pour les œu-
vres sublimes qui y virent le jour ; si les générations se transmettent le désir de voir ces
demeures vénérées, et si une légitime et avide
curiosité y attire, y précipite une population
qui se renouvelle sans cesse, on le sait,
d'obscurs réduits, perdus souvent dans les soli-
tudes d'un désert, et rendus célèbres seulement par une vie d'une incessante adoration,
de sacrifices, de prières et d'actions de grâce,
jouissent, à un égal degré, du privilége d'é-
mouvoir, d'exciter l'attention, d'attirer une foule
heureuse et empressée. Parmi ceux-ci, la grotte
où sainte Madeleine se retira pour pleurer et
faire pénitence est un des plus mémorables.
Plein des sentiments d'amour et d'espérance qui
animèrent la vie pénitente de l'illustre fille de
Béthanie, le chrétien pieux y fait un pèlerinage
de dévotion. Le voyageur se détourne de son
chemin pour aller visiter cette grotte vénérée si

remplie de précieux et touchants souvenirs, et
le curieux qui parcourt la Provence, cette terre
si riche et si belle, couverte de monuments de
tous les âges où le passé se révèle noble et
grandiose à chaque pas, va contempler, dans
cette grotte, le séjour d'une de ces grandes
figures du premier siècle et dont le siècle actuel
transmettra le majestueux souvenir aux siècles
futurs.

Depuis longtemps je désirais voir la Sainte-
Baume; depuis longtemps je souhaitais ardem-
ment faire une visite à ce lieu si célèbre, lorsque la Providence, comblant mes vœux, m'en
a offert l'occasion. Pendant un séjour que je
viens de faire à Avignon, j'ai eu la bonne for-
tune de pouvoir me joindre à cinq personnes
appartenant à la classe la plus respectable de
cette ville, et qui s'étaient réunies pour faire ce
pèlerinage.

Pour une excursion de trois jours, les pré-

paratifs à faire sont vite terminés. Notre voyage
à peine résolu, nous partons ; et, soit en chemin
de fer, — le chemin de Marseille nous dépose
à la station d'Aix, — soit en voiture, nous ar-
rivons à Saint-Maximin le jour même, sans incident remarquable. Nous quittons cette ville le
lendemain, à six heures du matin ; à sept heures
nous sommes à Nans : les voitures ne peuvent
pas aller plus loin. Là, obéissant à la nécessité,
nous nous accommodons de notre mieux sur des
ânes, et nous commençons notre ascension. Un
sentier rude et rocailleux, tracé en lacet sur
le flanc d'un escarpement très-élevé qui lui sert
comme de contrefort, nous conduit au pied de
la montagne où est située la Sainte-Baume.
Arrivés là, nous continuons à monter à travers,
alors, une forêt de chênes, d'yeuses, de sapins,
et sombre et mystérieuse comme une forêt
druidique. Le sol est couvert de plantes aroma-
tiques. Le thym et la lavande saturent l'air de

leurs balsamiques effluves. Nous montons toujours au milieu de cette atmosphère parfumée.
Tout à coup le ciel se dégage des arbres qui en
voilaient l'azur. D'un côté, nous dominons la
forêt ; de l'autre, nous apercevons, nous voyons,
nous touchons presque une masse aux teintes
indécises qui s'élève jusque dans les cieux, et
dont la vue ne peut embrasser toute l'étendue.
C'est un roc, c'est toute une montagne qui paraît
formée d'un seul bloc de calcaire taillé à pic,
immense, incommensurable, défiant le temps
et les tempêtes. Quelle est la puissance qui l'a
formé? où est la main qui l'a façonné? A ces
questions qui se pressent dans notre esprit, nous
nous prosternons, et nous adorons Dieu, créa-
teur de tout ce qui existe. De là, en jetant les
yeux sur le rocher, nous voyons, aux trois
quarts à peu près de sa hauteur, un point blanc
qui paraît grand comme une carte à jouer. C'est
la façade de ce qui reste du monastère, et qui

est situé au même niveau que la Sainte-Baume.
Nous continuons notre chemin, c'est-à-dire,
nous montons encore, à pied alors, les mon-
tures ne pouvant pas aller au-delà de l'extrémité
de la forêt ; et, après une ascension très-pénible,
nous atteignons un petit plateau qui sert de por-
tique découvert au monastère et à la Sainte-
Baume. De ce plateau qui semble suspendu dans
les airs et à une hauteur à donner des vertiges,
on a sous les pieds un panorama immense où les
plus riants tableaux se succèdent et se dévelop-
pent jusqu'aux limites de l'horizon ; la forêt res-
semble à une plaine où des massifs de pins, d'ifs,
de chênes vieux comme le monde et d'une hauteur prodigieuse, forment comme un tapis de ver-
dure. Nous frémissons à la vue de ce spectacle
qui nous donne la mesure de l'élévation où nous
nous trouvons. Le monastère était jadis très-
considérable [1]; mais, comme une feuille lé-

(1) Il était occupé par des Bénédictins.

gère que la tourmente emporte au loin, le tour-
billon des passions populaires l'a détruit et ren-
versé; il n'est plus maintenant qu'une petite
maison habitée par un homme préposé à la
garde de la Sainte-Baume, dont l'entrée est
là, sous ses yeux, et où l'on arrive en gravis-
sant un escalier de quelques degrés.

La grotte — *baumé* en patois provençal —
où sainte Madeleine passa trente-trois années
de vie contemplative, n'a rien en elle-même de
remarquable; elle est divisée en grotte infé-
rieure et grotte supérieure. Dans la grotte infé-
rieure, où l'on descend par deux escaliers, on
voit un autel d'une simplicité primitive : cer-
tains jours de l'année, les Bénédictins y célé-
braient les saints offices. Dans la grotte supérieure, il existe une petite chapelle : une in-
scription apprend au visiteur qu'elle fut fondée
en 1278 par Charles II, roi de Naples et comte
de Provence. Derrière la chapelle est un petit

rocher nommé la Sainte-Pénitence, élevé d'environ un demi-mètre au-dessus du sol : c'est l'endroit le moins humide de la grotte, et la tradition rapporte que sainte Madeleine l'avait choisi de préférence pour s'y reposer et méditer. Une statue en marbre blanc représentant sainte Madeleine occupe la surface de ce petit rocher. Dans la pose qu'il a choisie, le sculpteur, heureusement inspiré, a reproduit avec bonheur le type de la réflexion : la sainte est à demi couchée ; elle est appuyée sur le bras droit, et tient de la main gauche un crucifix qu'elle contemple avec amour. Cette statue, d'un très-beau travail, a été placée là sous la Restauration, vers la fin du règne de Louis XVIII. Une source, dont l'eau limpide est excellente, surgit dans l'un des renfoncements les plus reculés de la grotte. Le gardien nous dit que cette source ne tarit jamais durant les sécheresses et les plus grandes chaleurs, et, dans les grandes

pluies, son volume d'eau n'augmente jamais
assez pour faire déborder son réservoir.

Combien étaient suaves et profondes les impressions qui nous assaillirent dans ce saint lieu !
Que de délicieuses émotions la Sainte-Baume
nous fit éprouver ! Sous ces rochers gigan-
tesques, au sein de ce site d'une magnificence
sauvage consacré par de si touchants souvenirs,
les échos semblent répéter sans cesse le nom de
l'illustre pénitente, et tout rappelle à l'âme cette
auguste épouse du Sauveur. Ici, c'est une croix
indiquant son oratoire de tous les instants ; là,
c'est la pierre où elle venait s'asseoir pour
contempler le ciel ; partout, c'est le sol qu'elle
foula de ses pieds en l'arrosant de ses larmes ;
il n'est pas jusqu'à l'air qui, bien que rendu humide par le perpétuel suintement de l'eau au
travers du rocher, ne semble parfumé de la
sainteté qu'y répandirent ses longues et fer-
ventes prières.

La croyance que sainte Madeleine a vécu de longues années dans la Sainte-Baume, repose sur une tradition si respectable, qu'elle en reçoit presque le caractère d'une garantie historique. Dans la contrée, trente générations ont couvert de leur dépouille les cendres de cette grande figure évangélique; cependant leurs derniers descendants, ceux que le voyageur peut interroger, parlent de sainte Madeleine, racontent sa vie et sa mort comme si c'était un fait contemporain, et on les écoute, et on les croit, car ce qu'ils disent, ils le tiennent de leurs frères qui en ont été les témoins oculaires.

J'allais oublier un incident important de notre pèlerinage. En montant à la Sainte-Baume, on trouve, avant de sortir de la forêt, au pied d'un chêne séculaire, une source d'une eau abondante et cristalline que la Providence a évidemment fait surgir là pour les besoins des pèlerins qui vont visiter la retraite si vénérable de sainte

Madeleine. C'est la station obligée où déjeûnent les voyageurs affamés par une matinale et longue course. Par respect pour l'usage traditionnel, et un peu pour obéir, il faut bien le dire aussi, à la voix d'un appétit vorace, notre petite société y avait fait une halte dont chacun de nous proclamait hautement la rigoureuse nécessité : on avait besoin de se restaurer. Bientôt nos provisions, étalées sur un tapis d'une moelleuse et verdoyante mousse, s'étaient mêlées à des touffes d'iris, de pervenches, de violettes et autres splendides fleurs printanières, et les échos de la forêt avaient répété avec éclat les voix de six personnes joyeuses, mangeant, buvant, riant, et bénissant Dieu de se trouver là réunies par sa grâce et son inépuisable bonté.

La Sainte-Baume a eu ses jours de splendeur, et, comme toutes les choses de ce monde, elle a eu aussi ses vicissitudes. Nous avons dit ce qu'elle est maintenant ; nous terminerons

par un aperçu rapide des phases qu'elle a tra-
versées à la fin du dernier siècle et au com-
mencement de celui-ci.

L'aveugle impiété qui, pendant la tourmente
de nos discordes civiles, s'attaqua à nos monuments religieux, n'eut garde d'oublier un lieu
qui inspirait tant de dévotion : la Sainte-Baume
fut dévastée. Les offrandes de toutes sortes que
pendant six siècles les fidèles y avaient dépo-
sées, furent dispersées ou détruites ; l'intérieur
fut couvert de ruines, et de longues années de
deuil suivirent ces jours néfastes. En 1821,
M. Chevalier, préfet du département du Var,
homme pieux et habile administrateur, fit dé-
blayer et rétablit la Sainte-Baume dans l'état
où nous la voyons. Au mois de mai 1822, les
restaurations étant terminées, Mgr l'archevêque
d'Aix, accompagné de ses grands vicaires, de
quelques personnages considérables du Var et
des Bouches-du-Rhône, et d'un concours im-

mense de population , bénit solennellement
l'antique chapelle relevée de ses ruines , et cé-
lébra le saint sacrifice de la messe sur l'autel de
sainte Madeleine. Après l'auguste cérémonie ,
le vénérable prélat, tenant en mains le Saint-
Sacrement , s'avança sur le bord du plateau
d'où la vue plane sur la forêt , et donna la sainte
bénédiction à la foule qui n'avait pu trouver
place dans la Sainte-Baume. Dans ce moment
suprême , quarante mille pèlerins , se pressant
sur les flancs de la montagne , se prosternèrent,
et , recueillis , le front baissé vers la terre , re-
çurent à genoux ce signe ineffable et tout puis-
sant de réconciliation entre le ciel et la terre ,
le temps et l'éternité.

Le cœur rempli de douces émotions, de pieux enchantements de notre ascension à la Sainte-Baume, nous rentrâmes à Saint-Maximin. Là, dans cette ville, le souvenir de sainte Madeleine est profond et vivace comme à la Sainte-Baume; la population le confond et le mêle dans ses prières avec celui du bienheureux saint Maximin, fondateur de la ville, et qui l'assista à ses derniers moments. L'église de Saint-Maximin est sous le vocable de sainte Madeleine; nous avions hâte de la visiter, nous y courûmes. Enfoui dans une petite ville comme l'or dans sa gangue, ce temple majestueux, production merveilleuse de l'art chrétien au moyen-âge, est le monument, en style ogival, le plus considérable de la Provence, et le plus pur, sans contredit, qu'il y ait dans le midi de la France. Ses vastes nefs sombres et mystérieuses, ses piliers massifs, et cependant hardis et élégants, grâce à leur parfaite proportion, la procérité prodigieuse des voûtes, — celle de la nef principale a trente mètres du sol de l'église à l'intrados, — tout cet ensemble excite dans l'âme un sentiment de vénération muette, de satisfaction pieuse, auquel il est impossible d'échapper. Quand, dans le silence et le recueillement, on erre sous ses arcades si pures, si graves, il semble à tout instant qu'on va voir l'ombre de l'illustre pénitente prosternée au pied d'un des piliers de ce magnifique monument élevé comme un hymne à sa sainteté, et qui chante sans cesse son immortelle gloire.

Charles II, roi de Naples, le même qui érigea
la chapelle de la Sainte-Baume, jeta, à sa sor-
tie des prisons de Barcelone, en 1288, les fon-
dements de l'église de Saint-Maximin. C'était le
temps où, avec le génie que donnait la foi, les
artistes chrétiens élevaient ces belles et somp-
tueuses églises, ces éloquentes et merveilleuses
cathédrales encore et toujours jeunes de leur
élégance aérienne, de leur noblesse mystérieuse,
bien que les siècles aient imprimé leur sceau vénérable dans la teinte sombre du manteau de
broderies et de festons de pierre qui les couvre.
Charles, le pieux fondateur de ce monument,
avait voulu, sans doute, qu'aucune autre église
en Provence ne pût lui être comparée sous le
double rapport de son étendue et de son ordon-
nance; il est facile de supposer, d'apprécier
même les ordres que reçut l'architecte chargé
de la direction des travaux. Malheureusement,
une partie des vœux de ce prince magnanime

reste à accomplir. Dans cette immense basilique, ce qui frappe tout d'abord, c'est l'admirable harmonie et la parfaite unité qui existent dans toutes ses parties. L'ogive en tiers-point, que n'a point encore altérée l'ornementation fleurie, l'ogive dans sa primitive beauté, svelte et élancée, y règne sans mélange et sans rivalité. Cependant la construction d'un monument aussi considérable a dû se poursuivre pendant de nombreuses années; mais le respect pour les plans primitifs a été si grand, qu'on le dirait d'un seul jet et comme si la forte pensée qui le conçut n'avait pas cessé de présider à son érection.

Dans son ensemble grandiose et imposant, cette magnifique église est surtout remarquable par une sévère et noble simplicité; et ce caractère s'allie si bien à l'idée que l'on a de l'austérité de la vie de la belle pécheresse dans la Sainte-Baume, qu'on voit presque sans regret qu'elle est due en partie à ce que les chapiteaux, les

corniches, ces ornements qui se taillent souvent
ou toujours sur place, attendent encore le ciseau
qui devait les couvrir de leur riche décoration.
La nef a soixante-douze mètres de longueur ;—
j'ai déjà dit que sa hauteur est de trente mètres ;
— avec les deux bas-côtés, la largeur est de
vingt-sept mètres, et, en y comprenant les cha-
pelles qui ont chacune cinq mètres de profon-
deur, la largeur totale est de trente-sept mètres.
L'église n'a point de transept ; l'œil chrétien re-
grette l'absence de cette disposition : il ne trouve
plus, dans le plan superficiel de l'église, le signe
sacré de notre salut. La nef, contrairement à la
règle généralement suivie dans la construction
des grandes et majestueuses églises typiques de
ce temps-là, se prolonge jusqu'au fond du chœur,
et les bas-côtés, au lieu de se joindre par un
déambulatoire, s'arrêtent au sanctuaire et se ter-
minent par une abside semi-circulaire. Les fe-
nêtres du sanctuaire, d'une hardiesse étonnante,

sont divisées en deux dans leur hauteur par une
bande horizontale de pierres : cette espèce de
meneau rectiligne a sans doute pour but de reposer l'œil, qui se fatiguerait à suivre l'immense
élévation verticale des ouvertures. Sur les mu-
railles du sanctuaire, on remarque un ornement
étrange et curieux : ce sont des compartiments
d'une espèce de sélénite figurant les plus beaux
marbres, où l'artiste a reproduit, en incrusta-
tion, sur l'un la vue de la Sainte–Baume, et
sur d'autres quelques–uns des principaux traits
de la vie de sainte Madeleine. On dirait une dé-
licate mosaïque en pierres précieuses, où l'on
trouve la perspective la mieux entendue jointe
à la pureté et à la perfection du dessin. Ces ou-
vrages, ces tableaux d'un grand maître, pour-
rais–je dire, sont signés : *Joa. Ant. Lombard*
fecit 1684. On y voit, en outre, quelques tableaux ; tous sont relatifs à l'histoire de sainte
Madeleine. Le maître–autel est d'un style noble

et sévère ; il est en marbre enrichi de médaillons de bronze. Le tabernacle est aussi de marbre ; il est surmonté par une urne de porphyre entourée d'une chaîne de bronze doré. Deux chiens de bronze portant un flambeau — c'est l'emblème de saint Dominique — en soutiennent les deux extrémités. Cette urne est d'une grande dimension, fort belle, bien travaillée, et la forme en est irréprochable. L'emblème de saint Dominique qui figure dans cette ornementation rappelle que l'église a été longtemps desservie par des Dominicains. La chaire, œuvre sans rivale d'un frère Dominicain, est en bois sculpté. C'est un chef-d'œuvre d'habileté et d'une beauté indescriptible. Dans ce travail, le soleil de la foi éclairait de ses rayons ardents la main de l'humble artiste dont les voûtes solitaires du cloître abritaient le sublime talent et le rare génie ; si la couleur ne décelait le bois, on dirait de l'or ciselé par Benvenuto Cellini.

La tradition rapporte que, pendant les longues années de son séjour au désert, sainte Madeleine fut fréquemment transportée par des anges sur une haute montagne, voisine de la Sainte-Baume, d'où la belle pécheresse de Béthanie, l'illustre pénitente contemplait sans entrave le profond et splendide empire du Roi de gloire, son divin époux. Un bas-relief en marbre, placé au-dessus de la chaire, représente un de ces en-lèvements. Le sujet est traité avec perfection et bonheur. Deux anges figurent dans la composi-tion ; l'un joue du violent, l'autre de la lyre. L'artiste a ainsi voulu nous faire comprendre que, durant ses contemplations extatiques, sainte Ma-deleine entendait les sons harmonieux d'une mu-sique céleste.

Mais ce qui surtout attire à cette célèbre ba-silique l'hommage empressé des fidèles et inspire leur profonde vénération, c'est le chef de sainte Madeleine, trésor inestimable que l'église a le

bonheur de posséder. Ce reste de sainte Madeleine,
un des rares et mémorables témoins du passage
de J.-C. sur la terre, est placé dans la crypte de
l'église. On ne peut se défendre d'un suave et
tendre frémissement, d'un profond et religieux
respect en présence de cette tête, chère et pré-
cieuse relique, dont les yeux, il y a dix-huit
siècles, enflammés d'un regard d'intarissable
amour, virent, contemplèrent sans pouvoir se
rassasier les traits ineffables du Sauveur du
monde, et qui répandirent sur ses pieds divins
d'abondantes larmes. A l'aspect de cette tête,
l'incrédulité n'est plus possible; cette tête, c'est
J.-C. à table chez Simon de Béthanie; c'est le
passé qui crie d'une voix éclatante : Prosternez-
vous devant ce débris qui eut l'insigne faveur de
s'abaisser devant le Fils de l'Éternel et d'enten-
dre sa parole sacrée.

La sacristie, très-vaste, — on voit qu'elle a
servi aux besoins d'une nombreuse communau-

té , — est du même style que l'église ; même pureté, même unité, même simplicité. On dirait un
enfant bien-aimé attaché au sein et reposant à
côté de son affectueuse mère ; elle est située sur
la face latérale du bas-côté septentrional.

Il est malheureux que cette vénérable église,
poëme hiérologique en pierres dont j'ai à peine
esquissé l'ombre , n'ait pas une façade en harmonie avec le caractère de grandeur et de ma-
jesté de l'intérieur. Le portail qui devait servir
de préface au monument n'a jamais été com-
mencé. Rien n'indique que ce mur d'un si pauvre
aspect termine un magnifique temple consacré
au culte du Seigneur. Rien non plus ne dit incessamment aux yeux, dans ce langage symbo-
lique et éloquent des portails qui ornent les églises
majestueuses érigées par le génie et la foi durant
le moyen-âge : « *C'est ici véritablement la mai-*
» *son de Dieu et la porte du ciel.* » (Genèse ,
chap. xxxviii, § iv, vers. 17.)

L'église de Saint-Maximin est, dit-on, classée parmi les monuments historiques ; c'est quelque chose, et il faut s'en réjouir. Cet acte d'une haute appréciation et d'une saine justice est une promesse que ce remarquable monument sera conservé ; mais est-ce assez ? Le Comité historique, qui s'est donné la noble mission de conserver aux beaux-arts les merveilles architecturales d'un autre âge et qui forment une si belle page dans l'histoire de notre pays, ne pourrait-il pas faire quelque chose de plus en faveur de l'église de Saint-Maximin ? Nous exprimons ici le vœu que des fonds suffisants soient mis à la disposition de qui de droit avec la destination de construire un portail convenable, ou tout au moins d'élever une façade décente à cette église, la gloire de l'architecture religieuse en Provence.

J'ai cédé au désir de parler de l'église de Saint-Maximin ; j'ai essayé de traduire le respect religieux qu'elle inspire et qui en est le véritable caractère ; j'ai voulu rendre compte des impressions profondes que son aspect général si grandiose, si imposant fait éprouver, et je n'ai pas eu la pensée prétentieuse, je ne saurais le déclarer trop hautement, d'en faire une description scientifique. Ce n'est pas en quelques lignes, et avec des notes prises en courant, qu'on pourrait faire la description de cette église célèbre, et rappeler les événements mémorables qu'elle fait incessamment revivre. Une monographie développée et digne d'un monument de cette importance demanderait beaucoup de temps, de longues études, et, en outre, une plume d'élite et de vastes connaissances, choses qu'hélas ! j'ai le regret de ne pouvoir offrir au lecteur. Je croirai avoir rendu service à la science, si ce que j'en ai dit suscite de la part de quelque érudit un travail important qui satisfasse aux exigences des archéologues et aux besoins des voyageurs. Désirée par les uns et les autres, jamais mono-

graphie n'aura été accueillie avec plus d'empressement que ne le serait celle de Saint-Maximin,
et je m'estimerais heureux de l'avoir provoquée,
dussé-je même être convaincu d'erreur dans mes
appréciations ou mes conjectures sur ce célèbre
monument.

FIN

www.ingramcontent.com/pod-product-compliance
Lightning Source LLC
LaVergne TN
LVHW022037080426
835513LV00009B/1105